米粉食堂へようこそ

サカイ優佳子
田平恵美

コモンズ

CONTENTS

米粉食堂へようこそ

II 基本を覚えて変幻自在

●丸めて

●平らにして

III いろいろな料理を楽しもう

IV おやつ・デザート・軽食に

プロローグ

米粉は万能選手

お菓子やパンだけじゃない

「米粉って、和菓子やお団子に使うものよね」

「最近、米粉パンは見かけるけど、料理には使えそうにないよね」

それは思い込みです。

新しい食材ではないし、しかも原料は日本人にとってもっとも身近なお米。それが盲点となり、米粉の実力を知らないままに私たちは過ごしてきました。

「米粉を和菓子以外にも使えないかな？」という素朴な疑問が芽生えたのは、「これから私たちの食卓はどうなってしまうのだろう」という不安からです。パン、パスタ、肉類、マヨネーズ、乳製品、小麦粉やバターを使ったお菓子類など、毎日のように食品の値上げの話が聞こえてきます。39%という数字としては知っていた日本の自給率の低さを、あらためて実感する日々です。

輸入食品の価格は、輸入先の天候はもちろん、社会や経済の情勢に大きく左右されます。今後ほとんど輸入できなくなる可能性が、決してないとは言えません。安全性についても、国産よりわかりにくく、気になる点がたくさんあります。

国内に目を向けると、お米の減反政策(稲が作れる田んぼに、作付けさせないこと)は相変わらず続いています。たしかに、1960年代前半には一人1年間に約120kg食べていたお米の消費量は、2006年には61kgと半分にまで減りました。世界中から多くの食品が輸入されている現在、お米を食べる量が減るのも仕方がないところはあります。でも、世界からやって来るはずの食べものが、実際には「はずだった」という事態になりはしないか、という不安を覚える人が増えているのではないでしょうか。

いまこそ、お米そのものを見直して、もっと活用していくことが大切だと思います。国内で自給できるというのは、とても心強い！　そこで、米粉です。

さて、初めに書いた疑問ですが、結論から言うと、お菓子以外の料理でも米粉は美味しさを存分に発揮してくれました。

小麦粉に比べて薄くつくので、フライ衣に使うと油の吸収が少なく、軽めの仕上がりになり、ヘルシーです。水を加えた米粉を薄く焼いて、具を包む皮として使えば、モッチリした食感と米の風味が楽しめます。肉や魚に米粉をはたいて煮れば、素材のうま味を封じ込められるうえに、葛《くず》粉のようなツルン、トロンとした食感が簡単に出せます。毎日の食卓に米粉はツカエル食材なのです。

私たちはふだん家庭で食べるさまざまな料理を試作してみた結果、「もっともっと米粉は利用できる」という確信をもちました。

いろいろな米粉

米粉は、字のごとく米を粉状にしたもの。原料は、うるち米ともち米に分けられます。

うるち米を粉にしたものの代表が上新粉。精米した米を洗って乾かしてから粉にします。草餅、柏餅などのもち類や団子、さまざまな和菓子と、幅広く使われてきました。

もち米を粉にしたものには、白玉粉、餅粉、道明寺粉などがあります。製造方法によって呼び名が変わり、上新粉と同じ製法で作られるのが餅粉です。

最近では、パンや洋菓子用に開発されたキメの細かい「リ・ファリーヌ」（フランス語で米粉の意味）も知られるようになりました。

もっとも一般的な上新粉は、たいていのスーパーで手に入ります。この本で紹介している料理は、扱いやすく手に入れやすい上新粉をおもに使用しました。また、関西地方では、上新粉を米粉や米の粉と呼ぶところもあります。なお、上新粉や餅粉はメーカーによって多少、吸水性に差があります。加減して使ってください。

米粉と小麦粉はどう違う？

米粉と小麦粉の最大の違いは、グルテンができるかできないかです。小麦粉に水を加えてこねると、グルテンというタンパク質が形成されます。このグルテンがパンの弾力やうどんのこしにつながり、美味しくなるのです。

一方で、グルテンをあまり必要としない料理にも小麦粉は使われてきました。たとえば、小麦粉を用いる料理の代表のグラタンやシチューに使うホワイトソース。最初に小麦粉を炒めるのは、グルテンができるのを止めるためです。小麦食が中心の西洋料理の場合は、小麦粉が身近ですから、その特徴を生かしたり抑えたりしながら使われるのは考えてみれば当たり前のこと。西洋から伝えられたレシピに米粉が登場するはずもありません。こうした料理に米粉を使うという発想は、これまでなかったのでしょう。

天ぷらの衣を作るときに、粉を軽く溶くだけで混ぜすぎないようにするのも、グルテンをなるべく形成しないためです。グルテンができすぎてしまうと、もったりした衣になり、さくっと軽い仕上がりになりません。

揚げる、焼く、煮る、蒸す…なんでもOK

もともとグルテンができない米粉を使えば、時間がかかるホワイトソース作りは不要ですし、からっとした天ぷらも簡単に揚げられます。

もちろん、でんぷん質を利用して料理の仕上げにとろみをつけるのにも使えます。そして、米粉ならではといえるのが、もちっとした食感です。

この本では、揚げる、焼く、煮る、蒸すなど、さまざまな料理に米粉の食感を生かしてみました。お米の風味も味わえるでしょう。また、ニョッキやすいとんの代わりにもなる「まんまる」や、トルティーヤと同様に平らに焼いておかずを包める「コメティーヤ」のような、主食も作れます。お米の新しい味わい方として、ぜひ、作ってみてください。

米粉でいろいろな料理を作ってみると使い勝手がよく、いままで和菓子にしか使ってこなかった日々が悔やまれると言っても、決して言いすぎではありません。

さらに、小麦粉を使わなくてはできないと思っていた料理が米粉で作れれば、小麦アレルギーの方にとって、食卓がより楽しくなるでしょう。

米粉を料理に使っている人は、まだそう多くありません。でも、米粉の注目度は日に日に高まってきました。数年後には、多くの家庭の台所に米粉が常備されるようになるかもしれません。100%自給でき、たくさんの美味しい料理を作れるのですから。

小麦粉・片栗粉の代わりに

お米の粉の利用の仕方を、いままであまり真剣に考えてこなかったような気がします。使ってみたら、米粉の用途はとっても多彩。

豚肉の中華風米粉揚げ

揚げる

揚げ物に米粉を使うと、カラッとしたできあがりに、きっと驚くことと思います。

米粉は、小麦粉に比べて衣が薄くつくので、天ぷらもフライも軽く仕上がります。衣が薄いということは、油の吸収も少ないから、カロリーカットにも。米粉の衣で天ぷらを揚げれば、すっかり名人気分。また、小麦粉に比べて水を吸いやすいので、衣は小麦粉の場合より少し多めに水を加えてください。ただし、小麦粉のときのように、氷水を使ったり、混ぜすぎを気にしたりする必要はありません。

〈材料〉（4 人分）

豚モモ肉カツ用…300g

A
- オイスターソース…大さじ 1
- ナムプラー…大さじ 1
- 紹興酒（なければ酒）…大さじ 1
- ニンニクすりおろし…1/2 かけ分

上新粉…適量
揚げ油…適量

キャベツ…適量

〈作り方〉

❶豚肉は一口大に切り、A に 15 分ほどつけておく。

❷❶に上新粉をまぶしたら、中温の揚げ油で揚げる。

❸キャベツのせん切りを添えて盛り付ける。

最近では、スーパーなどで米油を見かけるようになりました。サラッとしており、強い香りやクセがないので、どんな料理にも使えます。酸化しにくくて加熱にも強く、カラッと仕上がるので、揚げ物にもおすすめです。コレステロールの吸収を抑える植物ステロールが植物油のなかでもっとも多いほか、米糠に含まれるたくさんの栄養成分が生きています。

インドネシア風人参とモヤシのかき揚げ
ジャガイモのクリスピーフライ

揚げる

〈材料〉(4人分)

【ジャガイモのクリスピーフライ】

ジャガイモ…2個

衣

上新粉…1/2カップ
ビール…1/2カップ

揚げ油…適量

〈作り方〉

❶上新粉とビールを1：1の割合で合わせて、30分おく。

❷ジャガイモは、皮つきのまま3㎜程度の厚さに切り(あるいはせん切りにし)、❶の衣をつけて中温で揚げる。

【インドネシア風人参とモヤシのかき揚げ】

人参…1/2本
モヤシ…1カップ

衣

上新粉…1/2カップ
ビール…1/2カップ
ニンニク…少々
塩・コショウ…各少々

揚げ油…適量

〈作り方〉

❶上新粉とビールを1：1の割合で合わせ、ニンニクのすりおろし、塩・コショウを加えて30分おく。

❷人参はせん切りにし、モヤシと合わせ、上新粉(分量外)をまぶしてから、❶の衣をつけて中温で揚げる。

◆家庭でカリッと仕上げるのはむずかしいポテトチップスやかき揚げも、米粉を使えば簡単！「バラバラ」と呼ばれるインドネシア風のかき揚げは、衣に味をつけているから、天つゆは不要です。

アジの蒲焼き

焼く

魚や肉に粉をはたくといえば、当たり前のように小麦粉をはたいていませんか？　米粉を使うと外はカリッ、中はふわっと仕上がります。

〈材料〉（２人分）

アジ…小さめなら４尾、大きめなら２尾
酒…大さじ１
上新粉…適量
油…適量
シシトウ…４本

たれ
　醤油…大さじ２
　みりん…大さじ２
　酒…大さじ２

ご飯…丼２杯分
白ごま・海苔・万能ネギ・大葉…各適量

〈作り方〉

❶アジは開いて骨を取る（大きいものは３枚におろすなど適宜食べやすくする）。
❷酒をふって、上新粉をまぶす。
❸フライパンに油をひき、❶を両面こんがりと焼く。途中でシシトウを加える。
❹❸に火が通ったら、合わせておいたたれの材料を回しかけ、よくからめながら煮詰める。
❺❹に半ずりの白ごまをかける。
❻丼にご飯を盛り、刻んだ海苔をおいた上にアジとシシトウをのせ、刻んだ万能ネギと大葉を飾る。

◆アジだけでなく、イワシやサンマなど、好みの青魚で作ってください。

カジキマグロのインド風スパイス焼き

〈材料〉(4人分)

カジキマグロ切り身…2枚(160g)

A(下味)
ガラムマサラ…大さじ2
ヨーグルト…大さじ2
レモン汁…小さじ1
ニンニクのすりおろし…1/2かけ分
ショウガのすりおろし…小さじ1/2
塩…小さじ1/3

上新粉…適量
油…適量

香菜…適量
レモン…1/6個

〈作り方〉

❶カジキマグロは一口大に切り、Aに3時間〜1日つけておく。
❷❶の表面に上新粉をまぶしつけたら、油をひいたフライパンで中火で両面こんがり焼く。
❸刻んだ香菜とともに盛り付け、レモンをしぼって食べる。

◆インドでは「ティッカ」と呼ばれています。カジキマグロの代わりに、鶏モモ肉や手羽元を使えば「チキンティッカ」。

焼く

キノコのクリームスープ

煮る

米粉なら、ホワイトソースをわざわざ作らなくても、シチューやスープが作れます。市販のクリームシチューの素やホワイトソースの缶詰はもう不要。水や牛乳で溶いた上新粉を最後に加えて軽く煮込めば、シチューやスープのできあがり。素材に米粉をはたいて煮れば、とろり煮物もあっという間です。

〈材料〉（２人分）

玉ネギ…1/4 個
エリンギ…大１本
バター…大さじ 1/2
スープ…１カップ
ローリエ…１枚
上新粉…大さじ３
牛乳…150 cc
塩・コショウ…各少々
パセリ…少々

〈作り方〉

❶玉ネギはみじん切り、エリンギは食べやすい大きさに切る。
❷❶をバターでよく炒めたらスープとローリエを加え、沸騰させ、弱火で煮る。
❸具が柔らかくなったら上新粉を溶いた牛乳を加えて再び沸騰させ、弱火で少々煮る。
❹塩・コショウで味をととのえる。
❺パセリのみじん切りをちらす。

◆鶏肉と人参、ジャガイモを加えて煮込み、上新粉を溶いた牛乳を加えれば、いつものホワイトシチューの完成。この技はとても便利なので、覚えておいてください。
◆キノコはエリンギに限らず、好みのものを使ってください。

鶏肉のツルンと煮 柚子コショウ添え

煮る

〈材料〉（4 人分）

鶏モモ肉…200g
上新粉…適量
だし汁…200 cc
酒…大さじ 1
醤油…大さじ 1 1/2
みりん…大さじ 1 1/2
柚子コショウ…適量

〈作り方〉

❶鶏肉は小さめの一口大に切り、上新粉をまぶす。

❷だし汁と酒と醤油とみりんを鍋に入れて沸騰したところに、❶を入れ火が通るまで煮る。

❸器によそい、柚子コショウを添える。

＊だし汁

〈材料〉

昆布…5 ㎝角 1 枚
かつおぶし…1 つかみ
水…800 cc

〈作り方〉

❶昆布は水に最低 10 分つけておく（1 時間から半日つけておくと、さらによい）。

❷鍋に❶を入れて火にかけ、沸騰直前に昆布を取り出す。

❸沸騰したら火をとめて、かつおぶしを入れる。

❹ざるなどを使って濾《こ》す。

◆柚子コショウの代わりに、好みでわさびでも。金沢の郷土料理治《じ》部《ぶ》煮からヒントを得て作ってみました。お麩やキノコ類などを加えても美味しいです。

◆かつおぶしを入れるときに味噌濾しを利用すると、別容器を使って濾す手間がかからず、便利です。
◆蓋ができる空き瓶に、水と昆布を入れて冷蔵庫に常備しておけば、そのままで昆布だしとして使えます。沸騰させてかつおぶしを入れれば、かつおだしに。昆布をたっぷり水につけておいたほうが、うま味が抽出されて美味しくなります。お試しください。

広東風海老と卵の炒め物

とろみづけ

とろみづけのために片栗粉を常備している家庭も多いと思います。でも、米粉があれば、とろみづけも簡単。片栗粉と同様に水に溶いてから加えればＯＫ。米粉のほうが軽い感じの仕上がりになります。八宝菜や酢豚などの中華のおかずにも大活躍。

〈材料〉（4人分）

ネギ…5㎝
ニンニク…1かけ
ショウガ…1かけ
油…大さじ1
豚ひき肉…150g
海老…大12尾
鶏ガラスープ…300cc
醤油…大さじ2～3
上新粉…大さじ2
水…大さじ3
卵…3個
万能ネギ…2本

〈作り方〉

❶ネギ、ニンニク、ショウガをみじん切りにし、油をひいた中華鍋で弱火で炒めて香りを出す。
❷豚ひき肉を❶に加え、強火で色が変わるまで炒める。
❸殻をむいた海老を加え、色が変わったら、鶏ガラスープを注ぎ、2～3分煮る。
❹醤油で味をととのえ、水溶き上新粉を加えたら、溶き卵を流し入れる。
❺半熟になったところへ、万能ネギのみじん切りをちらして仕上げる。

◆鶏ガラスープはメーカーによって味に差があるので、醤油の量を加減してください。

サツマイモと豚ひき肉の中華あん

とろみづけ

〈材料〉(4人分)

サツマイモ…中1本(250g程度)
豚ひき肉…150g
ショウガのみじん切り…大さじ1程度
ネギのみじん切り…5㎝分
油…少々
酒…大さじ1
みりん…大さじ2
鶏ガラスープ…1カップ
豆板醤…小さじ1
醤油…大さじ1 1/2
上新粉…大さじ1
水…大さじ2

〈作り方〉

❶サツマイモは、皮つきのまま乱切りにして水にさらす。
❷鍋に油をひき、ショウガとネギのみじん切りを入れ、弱火で香りをたてるように炒める。
❸豚ひき肉を加えて、さらに中火で炒める。
❹肉の色が変わってきたら❶のサツマイモの水気を切って炒め合わせ、酒、みりんを加える。
❺アルコール分がとんだら、鶏ガラスープを加える。沸騰したら落としぶたをして、弱火でサツマイモに火が通るまで煮る。
❻豆板醤、醤油を加え、ひと煮立ちさせたら、水溶き上新粉でとろみをつける。

◆サツマイモって、意外とご飯のおかずになりにくい素材。でも、これならご飯のおかずにぴったりです。サツマイモの代わりに里芋やカボチャ、豚肉の代わりに鶏肉でも美味しい。

小麦粉・片栗粉の代わりに

白菜とブルーチーズのドリア

オーブンで焼く

オーブン料理といえばまずはグラタン。米粉があれば、面倒なホワイトソース作りは必要なくなります。グラタン用のホワイトソースは、上新粉１に対して牛乳４～５程度の割合で溶き、好みでローリエを加えて温めてください。

揚げ物の代表のようなカツも、オーブンで焼けば油を少なくできてヘルシー。米粉、卵、パン粉のフライ衣で作りましょう。

〈材料〉（２人分）

白菜…400g
油…少々
上新粉…大さじ２
牛乳…150 cc
スープの素…適量
ローリエ…１枚
ブルーチーズ…80g
塩・コショウ…各少々
発芽玄米ご飯…茶碗２杯分

〈作り方〉

❶白菜は５㎝の長さに切ってから、縦に繊維に沿って薄切りにする。
❷油をひいたフライパンで白菜をじっくりと嵩《かさ》が半分になるくらいまで中火で炒め、出てきた水気をとばすようにする（これで甘みが出る）。
❸❷に上新粉をふり入れ、粉っぽさがなくなるまで炒める。
❹牛乳とスープの素、ローリエを加えて、沸騰直前に弱火にして２～３分煮る。
❺ブルーチーズを崩しながら入れて溶かし、塩・コショウで味をととのえる。
❻耐熱皿に、発芽玄米ご飯を敷いた上から❺をかけ、200 度のオーブンで 20 分ほど、表面に焼き色がつくまで焼く。

◆ブルーチーズが苦手な人は好みのチーズに代えてください。
◆発芽玄米は、プチプチした歯ごたえで、繊維質も多く、おすすめです。もちろん、他の雑穀入り米や白米、玄米でも代用できます。

はさみ焼きトンカツ

〈材料〉（4 人分）

豚ロース（あるいは肩ロース）肉薄切り…8 枚
塩・コショウ…各少々
キャベツ…60g
大葉…４枚
上新粉…適量
卵…1 個
パン粉…適量
油…少々

ベビーリーフミックス…適量
トマト…適量
レモン…適量

〈作り方〉

❶豚肉に塩・コショウし、２枚の間にキャベツと大葉のせん切りの 1/4 を挟む。あとの 3 つも同様に作る。
❷上新粉、卵、パン粉の順に衣をつけたら、焼き網の上にのせ、スプレーなどで均等に油を吹きかけて、200 度のオーブンで 10 分ほど焼く。
❸ベビーリーフミックス、トマト、レモンを添えて盛り付ける。

オーブンで焼く

◆ソースとからし、ポン酢と大根おろしなどを添えて食べます。最近は米粉パン粉も発売されています。
◆オイルスプレーを使うと、少ない油でも均等に吹きかけられます（10 ページの写真参照）。

基本を覚えて
変幻自在

主食としてのお米といえば、粒のまま炊くと思い込んでいませんか。お米の粉で作る新しい主食の提案です。

基本の豆腐&米粉団子(まんまる)

丸めて

米粉を使った団子は、昔から作られてきました。ここでは、水の代わりに豆腐を加えて柔らかさと軽さを出しています。主食にも、おかずの素材にも、もちろんおやつにもなります。応用しだいで洋風にもアジア風にも和風にもできてしまうのは、さすがお米。

〈材料〉(20個分)

木綿豆腐…1丁(300g)
上新粉…60g
塩…少々

〈作り方〉

❶豆腐は水切りをしておく。
❷❶に上新粉と塩を混ぜて直径2㎝くらいの団子状に丸める。

❸たっぷりの熱湯で、浮き上がってくるまでゆでる。

丸めたまんまるを、ゆでずに揚げるのも、おすすめです。花椒塩《ホワジャオイエン》やクミン塩などの変わり塩をつけて、おつまみとして食べるほか、カレーの具にも合います。

◆軽い仕上がりになっています。お好みで上新粉の割合を増やすと、よりどっしりした感じになります。
◆絹ごし豆腐を使うと、ゆるめに仕上がります。

まんまるのトマトソース

〈材料〉（2～3人分）

ゆでたまんまる…12個
オリーブオイル…少々
ニンニク…1かけ
完熟トマト…6個
塩・コショウ…各少々

〈作り方〉

❶鍋にオリーブオイルとつぶしたニンニクを入れ、弱火で香りを出す。
❷トマトはざく切りにして❶に加え、しばらく煮る。
❸塩・コショウで味をととのえ、ゆでたまんまるを和える。

◆好みで、バジル、チーズ、大葉、オリーブオイルなどを最後に加えても美味しいです。ニョッキと同様に、バターソースやバジルソースなどいろいろなソースと合わせて楽しみましょう。

カブとまんまるのアボカド炒め

〈材料〉（2～3人分）
ゆでたまんまる…8個
カブ…中1個
アボカド…1/2個
レモン汁…少々
オリーブオイル…少々
塩…少々
白ワイン…大さじ1
パルミジャーノレッジャーノチーズ
…適量

〈作り方〉
❶カブは12個のくし形に切る。アボカドは皮と種を除いて適当な大きさに切り、レモン汁をかけておく。
❷フライパンにオリーブオイルをひき、カブを加えたら塩少々をふり入れ、両面に焼き色がつくまで焼く。
❸白ワインとアボカドを加え、アボカドの半分はつぶすようにしながら炒める。
❹まんまるを和えるように炒め合わせ、おろしたパルミジャーノレッジャーノチーズを加えて混ぜる。好みで、薄く削ったパルミジャーノレッジャーノチーズをさらにかける。

◆アボカドがソースになります。皮が濃い茶色になり、触ったときに柔らかいと思えるほどに熟しているものを使いましょう。

まんまるの韓国風炒め

〈材料〉(2人分)

ゆでたまんまる…10個
牛肉小間切れ…100g

下味
　ネギのみじん切り…5㎝分
　ごま油…小さじ1
　醤油…大さじ1
　みりん…小さじ1
　ニンニクのすりおろし…1/2かけ分

人参…3㎝
赤ピーマン…1/4個
干ししいたけ…1枚
干ししいたけの戻し汁…1/4カップ
醤油…大さじ1
砂糖…小さじ2
コチュジャン…大さじ1/2
油…適量

水菜…40g
すりごま…大さじ1

〈作り方〉

❶牛肉に下味をつけておく。
❷人参、赤ピーマン、(戻した)干ししいたけはせん切りにし、油をひいたフライパンで、ちょうどいい固さになるまでそれぞれ別に炒めて、皿などに取り出しておく。
❸❷のフライパンに油を必要ならば足し、❶の牛肉を焼く。色が変わったら、干ししいたけの戻し汁とまんまるを加える。
❹❷の野菜をフライパンに戻し、醤油、砂糖、コチュジャンを加えて炒め合わせたら、刻んだ水菜とすりごまを加えて仕上げる。

◆まんまるはいっしょに炒めてもよいし、ゆでて皿に並べ、上から炒め物をかけても。まんまるを多めにすれば、一品でもボリュームたっぷり。

まんまると根菜の汁物

〈材料〉(4 人分)

ゆでたまんまる…12 個
鶏肉…80 g
油…少々
人参…3 ㎝
大根… 3 ㎝
ゴボウ…5 ㎝
長ネギ…1 本
里芋…2 個
シメジ…1/2 パック
かつおだし汁(水でもよい)…800 cc
酒・薄口醤油・塩…各適量

万能ネギ…2 本
七味唐辛子…適量

〈作り方〉

❶鍋に油をひき、食べやすい大きさに切った鶏肉を入れて炒める。

❷人参と大根はイチョウ切り、ゴボウは乱切りにする。長ネギは 1 ㎝のぶつ切り、里芋は食べやすい大きさに切る。シメジは小房に分ける。

❸鶏肉の色が変わってきたら、❷を入れてさらに炒め、かつおだし汁、酒、薄口醤油を加えて煮込む。

❹根菜類が柔らかくなってきたら、まんまるを加えてひと煮立ちさせ、塩で味をととのえる。

❺器に盛り付け、小口切りにした万能ネギをちらし、七味唐辛子をふる。

◆冷蔵庫に残っている根菜を中心に自由に入れてください。まんまるは、事前にゆでずに、すいとん生地を作る感覚で、スプーンなどで汁にポトンポトンと落とすだけでも OK。この場合は、まんまるに火が通るまで加熱してください。
◆長くおいて味がしみたまんまるも美味しいです。

コメティーヤ

平らにして

メキシコの主食はトルティーヤ。トウモロコシの粉を水で溶き、平らにして焼いたら、中に好みの具を挟んで食べます。アメリカのテキサス州に広まって、小麦粉で作るフラワートルティーヤができました。日本では米粉で作るからコメティーヤと命名してみました。好みのおかずを挟んで、デザートとして、和風から洋風までなんでも美味しく食べられるのは、やっぱりお米だから。

〈材料〉（直径 15 ㎝のもの 8 枚）

上新粉…100g
水…250 cc
油…小さじ 1/2

〈作り方〉

材料をすべて混ぜ、油（分量外）を薄くひいたフライパンで弱火で片面だけ焼く。

◆生地は下に粉が沈みやすいので、焼く前にスプーンでよくかきまぜて均等にしてから、フライパンに流しましょう。
◆流れるようなゆるゆるの生地を弱火で焼くのがポイント。端が自然に立ち上がるようになるまで待ってから、取り出してください。急いで取ろうとすると失敗のもと。
◆鉄のフライパンで焼くときは、一度底にぬれぶきんをあてて温度を下げたところに流し込んでください。
◆コメティーヤは１枚ずつラップに挟んで冷凍ができます。使うときに自然解凍しましょう。急ぐときは電子レンジでもＯＫ。コメティーヤさえあれば、各自が好きなものを好きなように巻いて食べる気軽なパーティーもできます。中に何を挟むかは、自由自在。きんぴらごぼうやひじきの煮物などでも試してみてください。

基本を覚えて
変幻自在

コメティーヤ
まきまきパーティー

チキンロールのジンジャーソース

〈材料〉(4人分)

鶏モモ肉…2枚

A)ジンジャーソース
　ニンニク…2かけ
　ショウガ…1かけ
　青唐辛子…3本
　米酢…大さじ1強
　砂糖…小さじ1 1/2
　塩…少々

酢醤油(酢と醤油を1：1で合わせておく)…適量
好みの野菜…適量
コメティーヤ…8枚

〈作り方〉

❶鶏モモ肉は皮を外側にしてロール状に巻き、タコ糸で縛ったら、湯気のあがった蒸し器で火が通るまで30分ほど蒸す。

❷蒸し上がったら、そのまま冷ます。

❸冷めた❷のタコ糸をはずして、7~8㎜程度の輪切りにする。

❹材料をすべてつぶして混ぜ、Aのジンジャーソースを作る。

❺コメティーヤに❸の鶏肉とキュウリや水菜、トマトなど好みの野菜をのせ、挟んだり巻いたりして、ジンジャーソースと酢醤油をつけて食べる。

チャーシュー

〈材料〉(6～7人分)

豚肩ロース塊肉…600g程度

つけ汁
　醤油…50㏄、紹興酒(なければ酒かウィスキー)…60㏄、砂糖…大さじ1、甜面醤…大さじ1、ネギの青い部分…1本分、ニンニク…1かけ、ショウガ…1かけ、五香粉…少々、八角…1個

好みの野菜…適量
コメティーヤ…14枚

◆圧力鍋で作ると、とっても柔らかい煮豚になります。肉をつけ汁ごと入れ、水1カップを足したらふたをして、蒸気があがるまで強火で加熱。弱火にしてさらに20分加熱したら火を止め、自然にピンが下がるまで放置します。
◆圧力鍋がない場合は、2時間ほどじっくり煮ます。途中水分が足りなくなったら、適宜水を足して。

〈作り方〉

❶豚肉はつけ汁に浸して半日ほどおく。

❷❶を180度のオーブンで、50分ほど焼く。

❸チャーシューを薄く切り、好みの野菜とともにコメティーヤで包んで食べる。煮つめたつけ汁をソースに。

スモークサーモン&アボカド&サワークリーム

〈材料〉(5～6人分)

市販のスモークサーモン…1パック(80g程度)
アボカド…1個　レモン汁…少々
サワークリーム…小1パック(90 mℓ程度)

〈作り方〉

❶アボカドは皮をむき、薄切りにしたら、レモン汁をふって色どめする。
❷すべての材料を器に盛る。

パーティーデザート

あんこ、バナナ、ホイップクリーム、ブルーベリージャム、サワークリーム、きなこ、黒みつなどを適宜用意する。

その他のアイデア
　ブルーチーズ&アンズジャム
　リンゴの甘煮&シナモン
　カスタードクリーム&イチゴ
　マシュマロ&チョコレート
　ずんだあん&ナタデココ……
工夫しだいでいろいろなデザートが!!

いろいろな
料理を楽しもう

米粉がいろいろ使えることをわかっていただけましたか？ここからは、米粉を使った料理をもっともっと紹介します。

粉蒸牛肉《フェンチョンニュウロウ》

〈材料〉(4 人分)

牛肉小間切れ(脂が適度にある部分のほうが美味しい) …250g

A
- ショウガのみじん切り…大さじ 1
- 醤油…大さじ 1 1/2
- 紹興酒(なければ酒) …大さじ 2
- みりん…大さじ 2
- 砂糖…大さじ 1 1/2
- 豆板醤…大さじ 1
- 油…小さじ 1

上新粉…大さじ 2 1/2
五香粉…小さじ 1
コショウ…少々
ジャガイモ…3 個
万能ネギなどの青み…適量

◆四川の定番家庭料理のひとつです。米粉が牛肉をコーティングしているので、うま味が逃げず、さらにもちっとした質感を生んでいます。ジャガイモの代わりにキャベツを使っても美味。ご飯がとってもすすみます。
◆五香粉(ウーシャンフェン)とは、桂皮(シナモン)、八角、陳皮、丁字(クローブ)、花椒(山椒)の 5 種類のスパイスを混ぜたもの。中国の代表的なミックススパイスです。

〈作り方〉

❶牛肉に A の調味料を加えてよく混ぜ、味を馴染ませる。

❷❶に上新粉、五香粉、コショウを加えてよく混ぜたら、耐熱性のボウルに入れる。

❸牛肉の上に、皮をむいて 5 ～ 6 ㎜厚さの薄切りにしたジャガイモを隙間なく並べ、湯気のあがった蒸し器に入れ、強火でボウルごと 25 分ほど蒸す。

❹蒸し上がったら、ボウルを皿に逆さにふせて盛り付ける。

❺万能ネギを飾る。

米粉のチヂミ

〈材料〉(直径 18 ㎝ほどのもの4枚分)

上新粉…200g
卵…1個
塩…小さじ 1/2
ごま油…大さじ1 1/2
水…300 cc
玉ネギ…1/4 個
人参…3㎝
赤パプリカ…1/4 個
万能ネギ…8本
アサリのむき身…100g
油…適量
ごま油(上と別途)…少々
酢醤油(酢と醤油を1:1で合わせておく)…適量
コチュジャン…適量

〈作り方〉

❶上新粉と卵、塩、ごま油、水を混ぜる(すぐに焼いてもよいし、半日くらいおいても OK)。
❷玉ネギは薄切り、人参、赤パプリカはせん切り、万能ネギは4～5㎝の長さに切る。
❸❶と❷とアサリを混ぜ、多めの油をひいたフライパンに 1/4 入れて、中弱火で両面焼き上げる。最後にごま油を鍋のふちから少々垂らすと香りがよく、カリッと焼き上がる。残りの3枚も同様に焼く。
❹酢醤油やコチュジャンをつけて食べる。

◆韓国でもチヂミを作るときに米粉を使う人もいます。日本のお好み焼きの感覚で、食事にもおやつにもOK。お好み焼きを作るときにも米粉は使えます。

豚肉とイカゲソの香港風蒸し物

〈材料〉(4人分)

豚肩ロース肉薄切り…300g
イカゲソ…1杯分
干しシイタケ…1枚
ネギ…10㎝
ショウガ…1かけ
竹の子…30g
レンコン…30g
醤油…大さじ2強
酒…大さじ1
コショウ…少々
上新粉…大さじ2
ごま油…小さじ2

〈作り方〉

❶豚肩ロース肉は、包丁で叩いて細かくし、イカゲソはみじん切りにする。

❷干しシイタケは水で戻してみじん切り、ネギ、ショウガもみじん切りにする。竹の子、レンコンは粗いみじん切り。

❸❶の肉とイカゲソに醤油、酒、コショウ、水大さじ2(分量外)を加えて、粘りが出るまで混ぜる。

❹他の具、上新粉、ごま油を加えてさらに混ぜたら、器に入れ、湯気のあがった蒸し器で強火で15分ほど蒸す。

◆急ぐときはひき肉で作ってもよいのですが、面倒でも肉を叩くとひと味違います。中国クワイやギンナン、枝豆などを入れると、色が鮮やかになるうえ、シャリッ、サクッなどの食感が加わり、おすすめです。

モロッコロール

〈材料〉(4人分)

具

松の実…大さじ2
玉ネギ…1/4個
エリンギ…中1本
羊ひき肉…200g
上新粉…大さじ4
カレー粉…大さじ1/2
クミンパウダー…少々
生クリーム…60 cc
白ワイン…50 cc
レーズン…大さじ2
塩…小さじ1
コショウ…少々
オリーブオイル…適量

皮

上新粉…200g
塩…少々
水…170 cc程度

〈作り方〉

＊具

❶松の実を乾煎りする。

❷フライパンにオリーブオイルをひき、みじん切りにした玉ネギとエリンギ、羊ひき肉を入れて炒め、上新粉をふり入れて水分をとばす。

❸カレー粉、クミンパウダー、生クリーム、白ワインを加え、❶の松の実とレーズンを入れたら、塩・コショウで、少し濃いめに味をととのえる。

＊皮

❶上新粉に塩を加えて混ぜてから、水を少しずつ加えて混ぜ、まとめる。

❷ 24等分して、長さ8㎝、幅4㎝程度の楕円形に伸ばす。

＊仕上げ

❶あら熱がとれた具を皮に入れて巻く。

❷少し多めのオリーブオイルで、揚げ焼きにする。

◆米粉の皮のパリッ＆モチッと焼けた感じと具のエキゾチックな風味が、よく合います。お酒のおつまみやスナックとしてどうぞ。
◆まんじゅうの要領で、具を皮で包んで油で揚げても美味しい。
◆羊肉が苦手な人は牛肉で作ってみてください。

焼きナスのエスニックだれ

〈材料〉（4人分）

ナス…4本

たれ
- ニンニク…1かけ
- 生の赤唐辛子…1本
- 酢…大さじ2
- 砂糖…大さじ1
- 水…大さじ2
- 上新粉…小さじ1

薬味（香菜、万能ネギ、ミント、桜海老などお好みで）…適量

〈作り方〉

❶ナスは丸ごと焦げ目がつくまで焼き、皮をむいておく。

❷ニンニクはすりおろし、赤唐辛子は包丁で叩く。

❸❷と酢、砂糖、水、上新粉を鍋に入れ、とろみがつくまで火を通して、たれを作る。

❹❶のナスを食べやすい大きさに切り、❸のたれをかけたら、好みの薬味を添える。

◆青唐辛子でも爽やかな辛みで美味しい。とろみのついた辛みだれがナスに絡んで、夏でも食欲アップ。
◆このたれは、市販されているスイートチリソースの代わりに生春巻などにつけても美味しいです。

ソーセージとマッシュルームのゴロンゴロン

〈材料〉（２人分）

上新粉…60g
卵…１個
牛乳…140 cc
シュレッド（細切りになった）チーズ
…大さじ１
エルブドプロバンス…少々
オリーブオイル…少々
ソーセージ…100g
マッシュルーム…６個

南フランス・プロバンス地方の加熱用ハーブミックス。タイム、セージ、ローズマリーなどがおもに使われています。これひとつあると、「洋風」料理があっという間に「プロバンス風」に。

〈作り方〉

❶上新粉をボウルに入れ、真ん中をくぼませたところに卵、牛乳、シュレッドチーズ、エルブドプロバンスを入れ、ダマができないように混ぜる。
❷オーブンに入れられる鍋にオリーブオイルをひき、ゴロンゴロンに切ったソーセージと丸のままのマッシュルームを炒める。
❸❷に火が通ったら、❶を流し入れ、180 度のオーブンで 15 分ほど焼く。

◆イギリス料理の「トッドインザホール」（穴の中のヒキガエルという意味）をアレンジしてみました。
◆できたてはフワフワ、冷めるとちょっとモチモチ感が出ます。朝食や受験生の夜食にもおすすめ。
◆直火もオーブンも OK の鍋がなければ、フライパンでソーセージとマッシュルームを炒めてから、油をひいた耐熱容器に生地とともに流し込み、焼いてください。

ジャガイモと餅粉のアリゴ風

〈材料〉（4人分）

ジャガイモ…中2個（180g）
バター…大さじ1
ニンニク…1かけ
牛乳…150 cc
餅粉…大さじ4
白ワイン…大さじ1
フレッシュモッツァレラチーズ…100g
塩…少々

〈作り方〉

❶ジャガイモは蒸して熱いうちに皮をむき、マッシャーなどでつぶす。
❷フライパンにバターとつぶしたニンニクを入れ、弱火にかけて香りをたてる。
❸牛乳、❶のジャガイモ、餅粉、白ワイン、手で適当にちぎったモッツァレラチーズを入れて練るように火を通し、塩で味をととのえる。

◆肉料理などのつけあわせにしたり、パンにのせて食べます。フランス中央部オーベルニュ地方の郷土料理「アリゴ」をアレンジしてみました。
◆写真でもわかるように、よく伸びます。オーベルニュ地方のレストランでは、ウェイターがパフォーマンスしながら盛り付けてくれるところもあります。

タコのスペイン風煮込み

〈材料〉（4人分）

タコ…300g
玉ネギ…1/2個
オリーブオイル…少々
ニンニク…2かけ
アンチョビ…1枚
パセリのみじん切り…大さじ1
パプリカ…大さじ1/2
白ワイン…1カップ
ローリエ…2枚
完熟トマト…4個
ジャガイモ（メークイン系）…3個
オリーブ…12個
上新粉…大さじ5
水…大さじ5
塩・コショウ…各少々
青味（イタリアンパセリやセルフィーユなどお好みで）…適量

〈作り方〉

❶タコは食べやすい大きさにぶつ切りにし、玉ネギは1.5㎝角程度に切る。
❷鍋にオリーブオイルを入れ、刻んだニンニクとアンチョビ、パセリを弱火で炒め、香りを出す。
❸❶の玉ネギを❷に加えて中火で炒める。しんなりしてきたら、パプリカを加えてひと炒めし、白ワイン、ローリエ、ざく切りの完熟トマトを加える。
❹❸が沸騰したら、❶のタコを加え、再び沸騰したところでふたをする。弱火で約30分煮たら、一口大に切ったジャガイモとオリーブを加える。
❺さらに20分ほど煮てタコが柔らかくなったら、同量の水で溶いた上新粉を加え、とろみをつける。
❻塩・コショウで味をととのえ、好みの青味を添える。

◆タラやマッシュルームなどを加えても美味。タコは長く煮ると、びっくりするほど柔らかくなります。
◆フランスでは人参のポタージュのとろみを米で、スペインではトマト煮のとろみをパン粉でつけます。お米の国日本では、やはりお米でとろみをつけましょう！

豆とチーズのスティック

〈材料〉（長さ約７㎝のスティック６本分）

ヒヨコ豆の水煮…150g
上新粉…20g
塩…小さじ 1/4
コショウ…少々
シュレッドチーズ…60g
油…少々

〈作り方〉

❶豆はすり鉢などで粗くつぶし、上新粉、塩、コショウ、シュレッドチーズを加えて混ぜる。
❷❶をスティック状に形作り、油をひいたフライパンで両面じっくり焼く。

◆ローズマリーの葉をみじん切りにして加えると、風味が出て美味しい。チーズの一部をパルミジャーノレッジャーノに代えると、さらにコクが出ます。この場合は塩をちょっと控えめに。
◆チーズの種類はさまざまなので、好みのものを使ってください。今回はモッツァレラのシュレッドチーズを使いました。
◆丸のままの豆が苦手な子どもも大丈夫。ヒヨコ豆だけでなく、白インゲン豆や大豆などの水煮でも試してください。豆は自分でゆでても、もちろんＯＫです。
◆甘くないおやつとしても美味しいです。

スパイシー・デコボコ・ボール

〈材料〉〈直径４㎝のボール８個分〉

玉ネギ…80g
エリンギ…70g
上新粉…60g
プレーンヨーグルト…大さじ６
塩…小さじ 1/2
クミンパウダー…少々
コリアンダーパウダー…少々
ターメリック…少々
揚げ油…適量

〈作り方〉

❶玉ネギ、エリンギは粗みじん切りにする。
❷❶に上新粉、プレーンヨーグルト、塩、スパイス類を加え、スプーンで直径４㎝くらいの大きさにする。
❸中温の油に落とし、火が通るまで揚げる。

◆玉ネギの甘みが美味しい！　チリパウダーや香菜の葉を刻んで入れると、さらにエキゾチック。スパイス類の代わりにカレー粉を入れるだけでもOK。
◆キノコはエリンギでなくてもかまいません。ハムやタコなどを加えてもいいです。その場合、上新粉の量を多めにしてください。
◆ターメリックは色づけのために入れています。きれいな黄色が出るように調整してみてください。
◆ビールのおつまみや前菜として楽しんでください。

白ごまたっぷり鶏団子

〈材料〉（直径２㎝の団子20個程度）

鶏モモひき肉…200g
卵…１個
醤油…大さじ１
上新粉…大さじ２
酒…大さじ1/2
ネギのみじん切り…５㎝分
ショウガのみじん切り…大さじ１ 1/2
白ごま…適量
油…適量

〈作り方〉

❶鶏ひき肉、卵、醤油、上新粉、酒、ネギ、ショウガをボウルに入れて、よくこねる。
❷バットなどに白ごまをしく。スプーンですくった❶を落とし、ごまをまぶしつけながら、形を直径２㎝程度に丸く整える。
❸❷を中温の油で火が通るまで揚げる。

◆たっぷりのごまが香ばしい。ごまが焦げる前に中まで火が通るように、団子は小さめに。
◆食感を軽くするために、団子はゆるめになっています。手で丸めるよりも、スプーンでごまの上に落とすほうが簡単です。扱いやすさを優先するなら、上新粉の量を増やしてください。

カリフラワーと鶏ひき肉のとろりあん

〈材料〉（４人分）

カリフラワー…中１個（350g程度）
鶏ひき肉…150g
スープ…500 cc
酒…大さじ１
上新粉…大さじ５
水…大さじ５
塩・白コショウ…各少々

〈作り方〉

❶スープを鍋にわかしたら、小房に分けたカリフラワーと鶏ひき肉、酒を入れる。
❷火が通ったら、上新粉を同量の水で溶いて加え、とろみをつける。
❸仕上げに塩・白コショウで味をととのえる。

◆とろみのついた熱々あんかけはぜひ寒い季節に作ってみてください。カリフラワーもひき肉も火が通りやすい素材なので、あっという間にできあがります。カリフラワーの代わりにカブでも美味しいです。
◆ふだんはスープの素を使って作ってももちろんＯＫですが、鶏ガラスープをとって作ると、いっそう美味しくなります。

おやつ・デザート・軽食に

米粉で作るデザートといえば、お団子と思っていませんか。米粉があれば、和風に限らず、いろいろなお菓子やパンが作れます。

ナガサリ
（インドネシア風ココナッツミルクとバナナの蒸し菓子）

試作をするほどに、米粉の応用範囲の広さに私たちが驚いてしまいました。小麦粉に近い食感がほしい場合は上新粉、もっちり感がほしいときは餅粉と使い分けてください。

〈材料〉（8 つ分）

バナナ…1 本（正味 140g）
レモン汁…1/2 個分
餅粉…100 g
砂糖…大さじ 1
ココナッツミルク…50 cc
塩…少々

〈作り方〉

❶バナナにレモン汁をかけて、マッシャーやフォークで粗くつぶす。
❷他の材料を加えて、粉っぽさがなくなるまでよく混ぜる。
❸ 8 等分したら、それぞれをオーブンペーパーにのせて、湯気のあがった蒸し器で強火で 10 分ほど蒸す。

※今回は、蒸し上がったものをオーブンペーパーからはがして、葉っぱの上に盛り付けました。

◆インドネシアのおやつをアレンジしました。本来はバナナの葉で包んで蒸します。アジアには餅米の粉を使ったおやつがたくさんあります。 砂糖の分量は好みで加減してください。

ヨーグルトスコーン

〈材料〉（6個分程度）

上新粉…200g
砂糖…大さじ２
塩…少々
ベーキングパウダー…小さじ１
重曹…小さじ 1/2
バター…60g
プレーンヨーグルト…1/2 カップ程度

〈作り方〉

❶上新粉、砂糖、塩、ベーキングパウダー、重曹をボウルに入れて混ぜる。
❷バターを１～２㎝角に刻んでから❶に入れ、揉み込むようによく混ぜる。
❸ヨーグルトを生地がまとまるまで、量を調整しながら加え、混ぜる。
❹まとまったら３㎝程度の厚さに伸ばし、丸い型で抜いて、オーブンペーパーをしいた天板に並べ、200 度のオーブンで 15 分ほど焼く。

繰り返し使えるシートがあれば、使い捨てのオーブンペーパーは必要なくなります。

◆スコーンといえばイギリスのティータイムの定番として知られていますが、朝食にもおすすめです。
◆砂糖を控えめにしているので、ジャムやクリーム類を添えてどうぞ。フワッ、ホロッと、口の中で崩れる感覚を楽しんでください。

お気楽マフィン

〈材料〉(直径５㎝、高さ３㎝のマフィン型で１２個分)

上新粉…200g
ベーキングパウダー…大さじ１
塩…小さじ１
砂糖…40g
卵…１個
プレーンヨーグルト…100g
油…大さじ２
牛乳…200 cc
ブルーベリージャム…大さじ１
アンズジャム…大さじ１

〈作り方〉

❶上新粉、ベーキングパウダー、塩、砂糖をボウルに入れ、混ぜ合わせる。
❷❶に卵、ヨーグルト、油、牛乳を加え、さらに混ぜる。
❸油(分量外)を塗ったマフィン型に❷を入れ、ジャムを小さじ 1/2 ずつのせる。
❹ 180 度のオーブンで 30 分ほど、まわりがカリッとするまで焼き、竹串で取り出す。

マフィン型がなければ、ココットなど耐熱容器や紙カップで構いません。ただし、ココットの場合、5～10 分長く時間がかかります。また、紙カップだとまわりのカリカリ感が出ません。

◆ジャムは好みのものを使ってください。また、ジャムの代わりに、バナナやリンゴなど生のフルーツを入れてもよい。砂糖を控えめにしているので、ハムやジャコなどを入れて軽食にもできます。青ノリやヒジキ入りなど、和風マフィンも美味しいですよ。

餅粉のポンデケージョ

〈材料〉(20 個分)

A
- 牛乳…110 cc
- 水…110 cc
- 油…40 cc
- 塩…少々

餅粉…250 g

B
- 卵…１個
- おろしたパルミジャーノレッジャーノチーズ…100g

〈作り方〉

❶ A を鍋に入れて沸騰直前まで温める。

❷ボウルに入れた餅粉に加え、よく混ぜる。はじめは水分が足りないのではと不安になるかもしれないが、混ぜているうちにモチモチしてくる。混ぜるのに、ちょっと力が必要。

❸手でさわれるくらいの温度になったら B を入れ、色が均等になるまでよく混ぜる。

❹ピンポン玉くらいの大きさに丸める。

❺ 180 度のオーブンで 15 分焼く。

◆ポンデケージョとは、ポルトガル語で「チーズのパン」という意味。本場ブラジルでは、モチッとした食感はマンジョーカ粉(タピオカの粉)で出しています。餅粉に代えて作ってみたら大正解。ブラジルで使うチーズは別物だそうですが、パルミジャーノレッジャーノで美味しくできます。手軽に作るなら粉チーズでも。

◆余ったら冷凍もできます。食べるときに電子レンジでちょっと加熱すれば、小腹がすいたときのおやつに。時間がたつと少し固くなりますが、元に戻ります。

Sur la table

きなこと餅粉のケーキ

〈材料〉（直径 26 ㎝のケーキ型 1 つ分）
きなこ…50g
餅粉…200g
ゆで小豆…小 1 缶（200g）
卵…2 個
砂糖…1/2 カップ
油…50 cc
牛乳…200 cc

〈作り方〉
❶ゆで小豆以外の材料をボウルに入れて、ダマがなくなるまでよく混ぜる。
❷ゆで小豆を加えて混ぜ、油（分量外）を塗った型に流し、180 度のオーブンで 45 ～ 50 分焼く。

◆きなこや小豆、餅粉など、和風の素材を洋風にアレンジしてみました。まわりはカリッ、中はもっちり。食感の違いが楽しめます。牛乳の代わりに豆乳でも。ボウルひとつで作れるのもお手軽です。
◆餅粉を使っているので腹もちがよく、軽食としても。小豆が苦手という人も、ついパクパクと食べてしまう味です。

米粉のエスニック茶巾

〈材料〉（16 個分程度）

無塩バター…75g
上新粉…100g
砂糖…65g
牛乳…250 cc
ピスタチオ…大さじ 1
レーズン…大さじ 1
シナモンパウダー…少々
カルダモンパウダー…少々

〈作り方〉

❶バターを鍋で溶かし、上新粉を入れてしばらく炒める。

❷砂糖を加え、混ざったところで牛乳を少しずつ加え、10 分ほど弱火で練る。

❸軽く刻んだピスタチオとレーズン、スパイス類を入れて混ぜ、あら熱がとれたら茶巾にする。

ラップで包んでキュッキュッとすれば、簡単に茶巾になります。

◆見た目は和菓子、実はいろいろなスパイスが香る北アフリカ風。そのギャップを楽しんでください。ピスタチオの代わりに好みのナッツ、レーズンの代わりにクコの実などを使っても OK。

◆色を白く出すために白砂糖を使いました。てんさい糖やブラウンシュガーなどを使うと、味にコクが出ます。

ドライドトマト入り ワインビスケット

〈材料〉（18個分程度）

上新粉…200g
砂糖…60g
塩…少々
レモンの皮のすりおろし…小さじ1/2
ドライドトマト（粗く刻む）…20g
溶かしバター…80g
赤ワイン…100 cc程度

〈作り方〉

❶ボウルに上新粉、砂糖、塩、レモンの皮のすりおろし、刻んだドライドトマトを入れ、溶かしバターを加えて混ぜる。
❷赤ワインを生地がまとまるまで少しずつ加えながら、こねる。
❸生地がまとまったら好みの形にし、180度のオーブンで20分ほど焼く。

ドライドトマトといえば、イタリア料理、パスタ用と思い込んでいませんか？　太陽を浴びて甘みとうま味が凝縮したドライドトマトは、お菓子作りにもぴったり。また、醤油につけておにぎりの具にすれば、ちょっぴり梅干し風にも楽しめます。

◆飲みきれなかった赤ワインがあれば、ぜひ作ってみてください。ドライドトマトやレモンの酸味がポイントの、ちょっとおとなのお菓子です。お酒のおつまみにもいけます。

パンケーキ

〈材料〉(直径 10 ㎝のものを 6 枚程度)

上新粉…150g
水…150 cc
砂糖…大さじ 1
重曹…小さじ 1/2
卵…1 個
油…小さじ 1/2

〈作り方〉

すべての材料を混ぜたらすぐに、薄く油(分量外)をひいたフライパンで、両面を弱火で焼き上げる。

◆普通のパンケーキのようにバターとメープルシロップで食べてもよし、ハムや卵、野菜などを添えてもよし。牛乳を入れていないので、あっさりめの仕上がりです。好みで水を牛乳に代えてください。
◆ロシアに「ブリニ」と呼ばれるそば粉を使ったパンケーキがあります。米粉でも代用できるかと思い、試しに作ったら、なかなか美味しくできました。

エピローグ

もっと、もっと、お米

４割に満たない食料自給率

日本の食料自給率が 39%と、とうとう 40%をきってしまったのが 2006 年。輸入が途絶えたらカロリーの４割すらまかなえなくなるという数字は、先進国のなかでダントツの低さです。しかも、家畜のエサを含めた穀物自給率は 27%にすぎません。

07 年の後半から食べものの価格の上昇や、今後も食料を確保できるのかという話題が、テレビや新聞で毎日のように取り上げられています。とくに小麦やトウモロコシの価格が上がった結果、パスタやうどんなど小麦加工品、さらにはトウモロコシを主体としたエサを食べて育つ鶏や豚の肉が値上がりしました。穀物を安定的に確保できないと、どれほど私たちの食卓が脅かされるか、あらためて実感させられます。

世界の穀物貿易量は３億トン。日本の輸入量はそのうち 2800 万トンで、中国についで第２位です[1]。輸入に頼る私たちの食卓は、海外の穀物価格の影響を受けないわけにはいきません。そして、残念ながら、こうした傾向はしばらくは収まりそうにないのです。

なぜ穀物の価格が上がるの？

◆中国やインドの経済成長による需要増

中国の人口は 1970 年から 2005 年までの 35 年間に 1.6 倍に増えました。一方で、経済発展に伴い、93 年から 03 年の 10 年間で、肉の消費量が一人あたり 33.5kg から 54.8kg と 1.6 倍に増え[2]、飼料としての穀物需要も高まっています。同じ期間に、穀物消費量は人口増を上回る２倍となり、今後も増えていくでしょう。インドでも 70 年から 05 年に人口が 2.1 倍に、穀物消費量は 9700 万トンから１億 8900 万トンと約２倍に、それぞれ増えています[3]。

◆燃料か食料か

バイオ燃料は地球温暖化対策という名目のもと、穀物の流通を握る穀物メジャーの思惑と、脱石油・脱中東をめざすブッシュ政権の戦略が相まってブームとなりました[4]。その主原料は、アメリカではトウモロコシ、ブラジルではサトウキビです。

07年初めには、アメリカが年間3億3000万トンのトウモロコシを原料として使う大規模なバイオ燃料計画を打ち出しました[5]。こうして、小麦や大豆の生産農家が、利益がより見込めるトウモロコシへと転換した結果、小麦や大豆の生産量が減り、その加工品が値上がりしたのです。また、トウモロコシが燃料にまわされるため、家畜のエサの値段も上昇しました。世界には多くの飢えている人びとがいるなかで、食べものになるトウモロコシを燃料に変えてしまうことの是非も論議されています。

さらに、90年代末には1バレルあたり10ドル前後だった原油価格が、08年5月には135ドルにまで上昇しました。輸入に頼る日本の場合、この原油高による輸送コストの上昇も、食べものの値段を上げる大きな要因です。

◆地球温暖化による気候変動

日本の小麦輸入の99%は、アメリカ、オーストラリア、カナダの3カ国からです[6]。06年は、アメリカの冬小麦地帯が高温と乾燥で不作。07年には、カナダが干ばつのため不作。頼みにしていたオーストラリアでも、06年、07年と2年続けて「100年に1度」と言われるほどの干ばつによる不作となりました。地球温暖化に伴い、熱波や干ばつによる不作、ハリケーンなどによる被害は、今後も少なくなるとは思えません。

◆投機マネーによる値上がり

アメリカの低所得者向けサブプライムローンの破綻をきっかけに、金融・不動産市場から引き上げた投機マネーが穀物市場に大量に投入されました。実際の需給関係とは違う論理で動く投機マネーによる先物買いによって、穀物の値段がつり上げられていく傾向は、しばらく続くとみられています。

◆食料の確保に動く国々

こうした状況のもとで、自国の食料を確保するために、ベトナムやインドは輸出制限を始めました。一方で、食料自給ができないアラブ産油国に、たとえ金はかかろうとも食べものを確保しようという動きが目立ってきています[7]。たとえば、サウジアラビアの飼料会社はトンあたり２万円程度で購入していた大麦（ラクダや羊のエサとして欠かせない）を、倍以上の５万円で５年間にわたって1000億円分購入するという契約を、オーストラリア南部の輸出業者と結んだそうです[8]。アラブ首長国連邦やサウジアラビアは、アジアの生産者への投資の検討を始めました。

このような食料囲い込みの動きも、貿易市場での穀物価格の値上がりを招いています。

お米をもっと活かそう

日本の食料自給率は、小麦14.1%、トウモロコシ0%（1%未満）。一方、お米の自給率は95%程度です（実際には100%自給できる）。

私たち日本人の主食はお米。小麦やトウモロコシを自給するのは困難ですが、お米の生産と消費を増やし、その分他の穀物の消費を減らすことで、輸入に頼る体質を少しでも変えていくことができたらよい

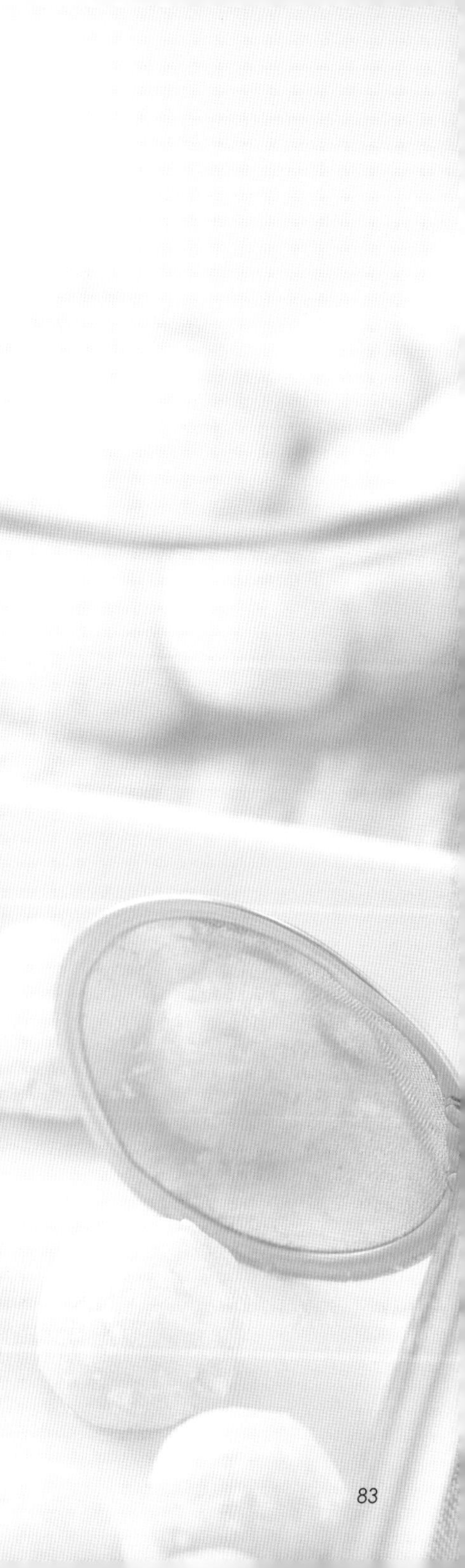

と思います。農水省の試算によれば、一人が１日に食べる食事のうち、小麦粉食品約７g（ロールパン１個の５分の１程度）を国産米の米粉食品に変えれば、自給率は1%上昇するそうです[9]。

この本で紹介したように、小麦粉を使うのが当たり前と思っていた料理のほとんどが、米粉で作れます。パンやお菓子、フライ衣などだけでなく、まんまるやコメティーヤのような新しい米粉の食べ方の工夫も期待できるでしょう。たとえば、東南アジアの米を使って作られているフォーなどの麺類や生春巻きの皮への国産米の利用、パスタやラーメンに代わる米を原料にした麺類の開発など、食品企業に積極的に取り組んでほしいと思います。

家畜のエサにもお米を

輸入トウモロコシではなく、玄米を豚や鶏に、稲わらを牛にエサとして与える試みも始まっています。

山形県遊佐《ゆざ》町では、「休耕田に飼料用米を作付けて穀物自給率を高めていこう」という生活クラブ連合会会長（当時）河野栄次氏の呼びかけに応え、JA 庄内みどり、（株）平田牧場、NPO 法人鳥海自然ネットワークとともに、飼料用米プロジェクトを 2004 年からすすめてきました。豚に与える配合飼料の約 10%をトウモロコシから砕いた玄米に代え、飼育後期の約 80 日間与えています。生活クラブ生協内での食味調査（100 名参加）では、「柔らかい、色つやがよい、ジューシー」という点でとくに評価が高く、総合評価でも 73%が、この「こめ育ち豚」のほうが美味しいと評価しました。生活クラブ連合会によれば、08 年度の「こめ育ち豚」生産頭数（予定）は２万 7000 頭です。

米粉用や飼料用の稲は、ご飯として食べる稲ほど食味にこだわる必要はありません。農家の側からすれば、栽培にかける労力を多少は減らせるわけです。遊佐町では、風で倒れにくい品種を使う、育苗の手

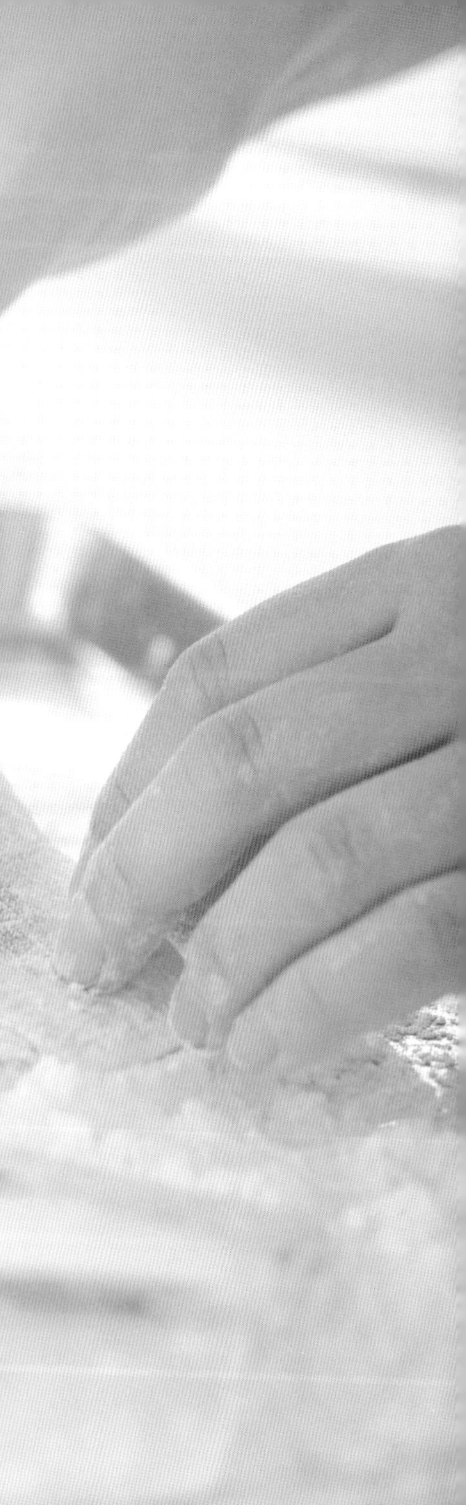

間を省いて直播きをするなどの工夫をしてきました。

いったん栽培をやめた田んぼを稲が穫れるまでに戻すには数年かかるといわれます。耕作されていない田んぼを利用した米粉や飼料用の稲の栽培は、いざというときにはご飯用の稲を作れるようにスタンバイしておくという意味もあるのです。

一方で１キロあたりのお米の生産者平均販売価格を比べると、主食用が 250 円、米粉パン用は 80 円、飼料用は 30 円です[10]。飼料用稲の生産は、現状では経済的に見合いません。そこで、飼料用稲生産者には交付金が出されています。

一方で、エサ用の輸入トウモロコシの価格は 2008 年６月までは米より安かったのですが、７月には逆転しました。米を使うほうが生産者にとって割安になったわけです。ただし、交付金が 09 年以降も継続されるのかは未定。これが打ち切られたり、減額されれば、せっかく緒についた飼料米生産の動きがしぼんでしまうことも考えられます。家畜のエサを国産に変えていく努力は必要だと思うので、適切な補助金などの政策が望まれます。

(1) 日本のおもな穀物輸入量の内訳は 2006/07 年度実績で、小麦 550 万トン、トウモロコシ 1600 万トン、大豆 410 万トン。http://www.maff.go.jp/j/study/kome_sys/02/pdf/report.pdf

(2) 農林水産省ホームページ「第二回『販売』を軸とした米システムのあり方に関する検討会議事録」。http://www.maff.go.jp/j/study/kome_sys/02/pdf/report.pdf

(3) 農林水産省ホームページ「世界の食料需給をめぐる現状と見通し」。http://www.maff.go.jp/j/study/kome_sys/02/pdf/data01.pdf

(4) 天笠啓祐『バイオ燃料——畑でつくるエネルギー』コモンズ、2007 年。

(5) 前掲 (2)。

(6) 財務省『貿易統計』2003 年。

(7)『日本経済新聞』2008 年 5 月 19 日。

(8) 前掲 (2)。

(9) 農林水産省ホームページ。http://www.maff.go.jp/j/soushoku/keikaku/komeko/pdf/jyuyoukakudai.pdf

(10) 農林水産省ホームページ「米をめぐる現状」。http://www.maff.go.jp/j/study/kome_sys/01/pdf/data03.pdf

おわりに

私たちは食べなければ生きていけません。目先の安さと手軽さにばかり目をむけ、それと引き換えに、将来にわたって安定的に食料を手に入れる保証を手放してしまうわけにはいかないのです。日本人一人ひとりが、ご飯はもちろん、米粉の食卓への登場回数を増やし、米をエサとして育てられた家畜の肉を選ぶことが、食料の安定確保につながっていきます。

農水省は米粉普及のための予算を2009年度に要求する方向で動いており、「米粉利用推進法案(仮称)」の作成も検討しています。今後は米粉の増産が期待されます。この本を手にとってくださった方々が、家庭で米粉料理を楽しんでいただけたら、著者としてこれほどうれしいことはありません。

この本をつくるにあたっては、いろいろな方にお世話になりました。「せっかく自給できているお米を、もっとたくさん美味しく食べるための本をつくりたい」という私たちの提案に、即座に「出版しましょう」と応じてくださったコモンズの大江正章氏、忙しいなかいつも変わらぬ明るさで素敵なデザインをしてくださったデザイナーの日高眞澄氏、こだわりをもって撮影にのぞんでくださったカメラウーマンの永野佳世氏、現場での細かい作業を手伝っていただいた林綾美氏、丹念な校閲をしていただいた大江孝子氏、どうもありがとうございました。

2008年7月

サカイ優佳子
田平　恵美

米粉食堂へようこそ

2008年 8月 5日 • 初版発行
2013年 2月 20日 • 3刷発行

著者 • サカイ優佳子・田平恵美
撮影 • 永野佳世
デザイン • 日高眞澄

発行者 • 大江正章
発行所 • コモンズ
東京都新宿区下落合 1-5-10-1002
TEL03-5386-6972 FAX03-5386-6945
振替 00110-5-400120

info@commonsonline.co.jp
http://www.commonsonline.co.jp/

印刷/東京創文社　製本/東京美術紙工
乱丁・落丁はお取り替えいたします。
ISBN 978-4-86187-054-5 C5077

◆コモンズの本◆

感じる食育 楽しい食育	サカイ優佳子・田平恵美	1400円
ごはん屋さんの野菜いっぱい和みレシピ	米原陽子	1500円
シェフが教える家庭で作れるやさしい肴	吉村千彰	1600円
幸せな牛からおいしい牛乳	中洞正	1700円
わたしと地球がつながる食農共育	近藤惠津子	1400円
バイオ燃料 畑でつくるエネルギー	天笠啓祐	1600円
パンを耕した男 蘇れ穀物の精	渥美京子	1600円
土の匂いの子	相川明子編著	1300円
〈増補3訂〉健康な住まいを手に入れる本	小若順一・高橋元・相根昭典編著	2200円
買ってもよい化粧品 買ってはいけない化粧品	境野米子	1100円
肌がキレイになる!! 化粧品選び	境野米子	1300円

〈シリーズ〉安全な暮らしを創る

2	環境ホルモンの避け方	天笠啓祐	1300円
3	ダイオキシンの原因を断つ	槌田博	1300円
4	知って得する食べものの話	『生活と自治』編集委員会編	1300円
6	遺伝子操作食品の避け方	小若順一ほか	1300円
7	危ない生命操作食品	天笠啓祐	1400円
8	自然の恵みのやさしいおやつ	河津由美子	1350円
9	食べることが楽しくなるアトピッ子料理ガイド	アトピッ子地球の子ネットワーク	1400円
10	遺伝子組み換え食品の表示と規制	天笠啓祐編著	1300円
11	危ない電磁波から身を守る本	植田武智	1400円
12	そのおもちゃ安全ですか	深沢三穂子	1400円
13	危ない健康食品から身を守る本	植田武智	1400円
14	郷土の恵みの和のおやつ	河津由美子	1400円
15	しのびよる電磁波汚染	植田武智	1400円
16	花粉症を軽くする暮らし方	赤城智美・吉村史郎	1300円

価格は税抜き